# 각시붓꽃의 노래

신가은 시집

계간문예

# 각시붓꽃의 노래

### 시인의 말

   참으로 오랫동안 안으로 안으로만 삭혀왔던 시에 대한 열망,
풀벌레소리 더욱 커지는 초가을에 첫 시집을 엮습니다.
   데일 카네기의 말을 가슴에 담고 결국에는 그 말을 실천하기로
결심했습니다.

   "바람이 불지 않을 때 바람개비를 돌릴 수 있는 것은 오직
달려 나가는 일 뿐이다."

   달려 나갈 수 있는 용기와 동력을 부여해 주신 홍금자 선생님께
진심으로 감사의 마음을 올립니다
   부족한 글에 흔쾌히 해설을 허락해 주신 허형만 교수님께 깊이
머리 숙여 감사의 마음 드립니다.
   앞으로 더욱 시와 동행하는 시인이 되겠습니다.
   감사합니다.

2023년 10월

신가은

## 축하 글

   신가은 시인의 시쓰기는 생의 긴 터널을 빠져나오면서 삶을 견뎌내기 위한 간절한 기도였습니다.
   일상에서 바라보고 체험했던 마을의 간곡한 풍경들을 시적 언어로 표현한 자신의 내밀한 자화상입니다.

   고통이 없는 삶이 어디 있겠습니까?
   우리들의 기억 속에 있는 칠레 산호세 광산의 일화는 광부 33명이 지하 700미터 아래 매몰되어 죽음과 마주한 상황에서도 그들은 지하수로 생명을 이어가며 69일 동안 파블로 네루다의 시를 암송하면서 살아남은 기적 같은 이야기로 지금도 우리의 가슴을 적셔줍니다.
   시의 위대함, 시를 쓰고 사랑하는 시인들이 시가 던져주는 큰 의미를 새기면서 시를 써야 되리라 생각합니다.

   신가은의 시는 생의 고달픔, 슬픔, 비애들을 시로 승화시켰다는 의미에서 이 시를 읽는 이들에게 큰 위로가 되리라 생각합니다.
   앞으로 시를 향한 더 큰 걸음 있기를 바라면서
   첫 시집 상재에 축하의 박수를 보냅니다.

2023년 10월

**홍금자** (한국시인협회 상임위원)

■ 차례

시인의 말 • 5
축하 글 • 7

## 제1부  한 뼘 크기의 사랑 하나

금등화 • 15
한 뼘 크기의 사랑 하나 • 16
내 젊은 아버지 앞에서 • 18
바리매 오름 찾아서 • 20
아버님 기일 • 22
추억을 꺼내며 • 24
정류장 • 26
오늘 • 27
그리움 하나 • 28
그 시절 • 29
새해 첫날 • 30
빈집 • 32
그곳에 우물 • 33
홀로 떠난 먼길 • 34
소나무한 그루 • 35
커피를 마시며 • 36

## 제2부 삶의 길목을 걷다

삶의 길목을 걷다 • 39
삶의 무게여 • 40
어머니의 흔적 • 41
둔지 오름 • 42
휘파람새 • 44
뻐꾸기 • 45
하나인 듯 둘이 되어 • 46
당신의 호수 • 47
새벽 풍경 • 48
돌멩이 하나 • 50
우울한 미세먼지 • 52
앨범 속 사진 • 53
꿈길 • 54
인도길 • 56
연잎 우산 • 57
자몽차를 마시며 • 58

## 제3부 꽃구경 가요

겨울나무 • 61
각시붓꽃의 슬픔 • 62
능소화 • 64
야생화 • 65
제비꽃 • 66
꽃구경 가요 • 67
수선화 앞에서 • 68
질경이 꼴똑차다 • 69
봄꽃 앞에서 • 70
봄날에 • 71
돌담에 핀 꽃 • 72
박꽃 • 73
동백꽃 • 74
바람꽃 • 76
목련 • 78
꽃은 지고 • 79

**제4부 잊혀지지 않는 것들**

전철 안에서 • 83
잊혀지지 않는 것들 • 84
저물어가는 시간들 • 86
불광천 • 88
생의 낙엽 • 90
가랑비 내리면 • 91
흔들리는 깃발 • 92
감귤 밭에서 • 93
홀씨는 생명을 달고 • 94
먹구름 • 96
시율이의 아침 • 97
봄길 • 98
나의 보물 • 100
쑥불 • 101
제주에서 • 102
파도의 어깨 • 104

**평설** 어머니의 부재와 나의 현존 사이의 애절한 사랑 • 107
— 허형만 (시인)

# 제1부

## 한 뼘 크기의 사랑 하나

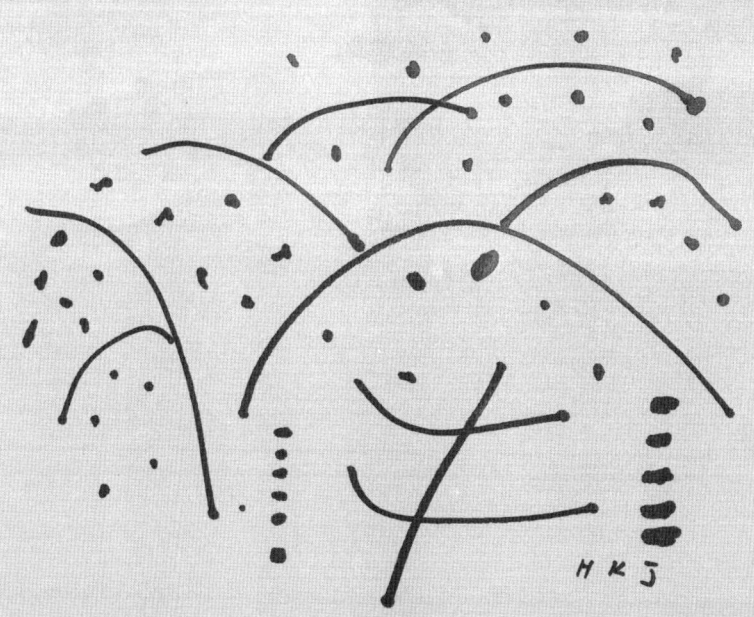

## 금등화

허리가 휘어지게
꽃을 달고
먼 데 산을 바라본다

슬며시 창문 열고 들어와
주홍 꽃물 던져놓고
가는 날
꽃밭에 걸린 웃음들
그녀의 힘겨웠던 삶
바람이 꽃등을 툭, 툭,
치고 지나간다

치장한 금등화 무리

## 한 뼘 크기의 사랑 하나

저 바다 끝자락 물의 경계
포개지고 다시 겹쳐지며
몰려오는 파랑
난 그 바다를 기억 중이다

조용한 연민으로
내 심장 한복판을
관통하고 떠난 그대
죽어서도 시퍼렇게
다시 포효하며
달려오는 푸른 혼
처절한 갈망의 포효

처얼썩- 철썩. 쏴아

자신을 채찍질하며 허물고
다시 물기둥으로 일어서는
찰나의 숨막힘

그 길 끝에 언제나 남아 있던

뜨거운 한 뼘 크기의 사랑 하나
오늘도 그 바다 끝
밀물 그득히
햇살 안고 다가오고 있다

# 내 젊은 아버지 앞에서

그해 8월은 장마 끝이라
푹푹 찌는 더위가 나풀거렸지
땡볕에도 아버지의 지게는
여전히 쨍쨍했고
목소리조차 카랑카랑하셨었지
그러나 그것도 잠시
젊은 아버지는 끝내
등허리 휘던 짐을 내려놓으셨지

어렸을 그때
삼 남매의 방안엔
늘 읽어주시던
장화홍련전의 슬픈 얘기가
밤마다 쌓여갔고
우리들 마음 언저리엔
늘 아버지의 밝은
촛불이 커져 있었지

자신의 몸속에 자라던 암 덩이
비밀처럼 안으신 채
올망졸망 자식들
손 놓으시던 내 젊은 아버지

유년의 그 땅
나이 든 지금도
잊혀지지 않는 그리움으로
해마다 오는 계절 8월
흑백 사진 한 장 앞에
우두커니 서 있다

## 바리메 오름 찾아서


지난밤
선잠에서 천둥소리를 들었다

밤사이
아무 일 없었다는 듯
아침이 왔다

아침 햇살 등에 업고
오름을 오른다

어느새
서쪽으로 짙은 먹구름
하늘을 뒤덮고
오름의 중턱쯤에서
천기누설하듯
아름다운 무지개를 만난다
찰나의 그림에
가슴 벅찬 설렘
특별한 선물이다

야~호!
쌍무지개라니
축복처럼
하늘이 내리신
신의 빛깔들
저 찬란한 순간

# 아버님 기일

한 해가 가고 다시 또 한 해
오늘 밤엔 촛불을 밝히고
아버님을 만나는 날이다

액자 속에 아버님이
나를 유심히 바라보신다
아가야, 잘 지내니? 힘들지는 않니?
너도 어느새 머리에 흰서리가 내렸구나 하시며
밤새 내게 말을 거신다
내 눈에선 어느새 안개가 가득 서렸다
반가운 마음에 절도 올리지 못한 채
힘없이 주저앉았다

며느리에게
유난히 잘해주셨던 아버님
아버님이 떠나신 지
이십 년이 흘렀어도
사진 속의 아버님은
변함없이 멋스럽고
그 옛날

중후한 모습 그대로셨다

일 년 후에 다시 만나 뵙자고
아버님을 배웅한 후
바람은 서서히 촛불을 끄고 있었다

## 추억을 꺼내며

해바라기처럼 외롭게 미소 지으며
오래된 앨범 속에서
그리움 캐내며
그곳 그 자리에
쓸쓸히 서 있는 어머니

앨범 속에 보관해 둔
어머니 흔적들
지난 추억 들추며
보고 싶은 어머니랑
마주하는 오늘
어떻게 지내시는지
안부도 묻고
쌓였던 이야기
힘들고 버거워
속마음 술술
어머니 그 품에 얹어 놓았다

사진 속의 어머니는
아무 말 없이

눈으로만 말을 하고
눈으로만
나를 꼭 안아주었다
가여운 내 딸아!
자신감 있게 살아야 한다
여러 번 눈으로
말을 건네며
내 어깨에 용기를
얹어주신 어머니

오늘은 앨범 속에서
애틋한 그리움과
종일 얘기하는 시간
어머니 목소리
귓전에 맴도는 하루

## 정류장

집 앞 마을 버스 정류장
버스를 기다리는 노파 몇이
파마머리 쪽진머리
보따리 내려놓고
서리 내린 머리칼
시간을 밀어 보낸다

손주들 몇 푼 쥐어 주겠다고
온종일 좌판 앞에
앉아 있었다

저물녘
떨이로 죄다 팔아버린
몇 가지 나물들

지루함 지우며
마음도 한결 가볍다

표정마다
웃음꽃이 피어나는 늦은 하루

# 오늘

늘 지척에 두고도
마음으로만 그리워하고
사랑을 바랐던 마음 하나
오늘따라
문득 보일 듯 말 듯
벽에 걸린 그림처럼
참으로 행복했던 날들
솔잎 향기처럼
가슴에 머물러 있길
목을 길게 빼고 기다리던
어느 파란 꿈의 날들

바람에 흔들리는
나뭇가지 사이로
당신의 향기를 안고서
아직 채우지 못한
그 사랑 하나 기다려 본다

## 그리움 하나

가을 앞에 우두커니 서 있다

여기저기 흩어진 그리움 모아
긴 그림자로 남는 하루의 끝자락
온종일 가슴 짓누르는 노을 한 덩이
되돌아서는 슬픔이 무겁게 걸어간다

이 계절
암벽화처럼 새겨져 지워지지 않는
그리운 이름 하나

# 그 시절

나물 캐는 할머니
시장 귀퉁이에 쪼그려 앉아
계절을 팔고 있었다

꽃 피던 그 시절
힘들게 걸어오신
힘겨웠던 날들
세월은 밭길 따라
한참을 걷고 또 걷고 있었다

흘러온 세월
지난날의 아픈 사연
가슴에 묻고 지금은
지난 세월 지우며 지우며
저녁노을에 물들어 가고 있다

## 새해 첫날

창밖
겨울나무 가지 위 까치들
오랜만에 엄마 소식 듣고
찾아올까 가만히 기다리고 있었다

나뭇가지 위
까치 한 쌍 까악 까악

우체부 큰 가방 속
엄마의 기쁜 소식
들고 왔는가
물었다
응답이 없었다

또 다른 소쩍새 한 쌍
나를 바라보고 웃으며
말을 걸었다

한쪽 청각이 무뎌진
귀 기울이며
부모님 목소리 듣는다

햇살 가득 내려앉은 곳
떡국 두 그릇 기도를 올렸다

새소리 바람소리와 어우러져
엄마의 목소리 더욱
그리움으로 남는
설날 아침

# 빈집

먼 길 돌아 그 빈집
한나절 내내
하늘은 먹구름 드리운 채
앞마당 여기저기
아버지 손 때 묻은 도구들
먼지만 쌓여간다

마당 한가운데
낙엽 몇 장 구겨져 있다

햇살 받아 윤기 나던
항아리 위에는
하얀 눈송이 녹아가듯
떠났던 인생
이 반복은
어디로부터 시작되는 것일까

## 그곳에 우물


어릴 적 아랫마을 한편에 있던
우물이 생각난다
아낙네들은 물동이 머리 위에 얹고
어린것 엄마 손에 이끌려온
꽃무늬 원피스의 일곱 살 계집애
한껏 뽐내면서 웃음을 흘린다

발뒤꿈치 곧추 세우고
머리는 우물 속 그림자를 찾는다
찰박찰박 대는 두레박에
자신의 얼굴을 퍼 올린다

초록 하늘이 구름을 그리고
꿈이 가득 고여 출렁이던
우물 속 나의 꿈들이여

## 홀로 떠난 먼 길

손님 없는 빈 정류장
제대로 머물지도 못한 채
떠나버렸습니다
삶 역시 뒤돌아보면
쉼 없는 세월처럼 가버렸습니다

가을 낙엽들의 이별이
아쉬웠던 계절
주름진 손 흔들던 엄니의 모습
그 기억 어루만지며
홀로 떠난 먼 길
머물지 못한 이 가을
부디 길 잃지 말고 가시어
부활의 시간 그때 다시 뵈어요
엄니 그리운 나의 엄니

## 소나무 한 그루

하늘을 바라보고 서 있는
겨울 소나무 한 그루
자신의 꽃 피우기 위해
온몸으로 거센 바람을 밀어내고

솔잎은
그제도 어제도 그리고 오늘도
여윈 그림자를 선 채 지키고 있다

그 소나무 그녀를 닮았다
기쁨보다 슬픔이 더 고단했던 삶
때로는 멀고 팍팍한 길
외로웠던 그녀
오늘따라 소나무 한 그루의
고달픔을 읽는다

# 커피를 마시며

차 한 잔 속
그리운 이름이 걸어 나온다

오늘도
찻잔 가득히 채우는
헤이즐넛 커피 향기엔
너와 나의 추억이 스며있다

눈 감으며 마시는
갈색 커피 한 잔의 맛
내 마음이 촉촉이 젖어든다

언제나 조용히 웃고 있던 너
하얀 그리움으로 찾아오는
질펀한 우정의 소리

제2부

삶의 길목을 걷다

## 삶의 길목을 걷다

먹구름 내리던 밤
검은빛으로 물든 하늘
험한 세상 어둑어둑
벼랑 끝에 당도했다

언제쯤 내가 설만한
아름다운 세상 만나게 될까
삶의 길목을 더듬어 본다

사람이 그리워 불현듯
세상 밖으로 나간다
여전히 먹구름은
그대로인 채 가득하다

생의 힘겨운 군상들은
어둠 속에서 허우적거린다
자꾸만
난 푸른 하늘을 그리워한다
오늘도 그날을 기다리며

# 삶의 무게여

물살이 거세게 출렁인다
꼬리를 물고 소용돌이치는
저 파도의 끝없는 몸부림
시작도 끝도 없이 굽이치는
내 삶의 무거운 굴레여

시작도 끝도 없이 굽이치는
내 삶의 무거운 굴레여

힘겹게 건너온 시간의 바다
기댈 곳 없이 달려온 파랑이여
저 멀리 수평선 너머 보이는
갈망 같은 눈부신 햇살 한 줌
내 어깨 어르는 삶의 노래여
갈망 같은 눈부신 햇살 한줌
내 어깨 어르는 삶의 노래여

※ 신작가곡(2023년도) 가곡시

## 어머니의 흔적

낡은 사진 한 장
달맞이꽃처럼
환하게 웃으시며
그리움 가득 안고
앨범 속에 담긴
어머니의 흔적들
추억을 들추어 본다

잔잔한 가슴으로
안아주시던
당신의 젖은 가슴
이제 말문 닫은 채
웃음만 건네는
사진 속 어머니

# 둔지 오름

가을 짙은 향기 온몸으로
가득 채워진다

누가 이 제주도를 작다고 했던가
넓고 광활하게 펼쳐져 있는
저 평야를 보라
오름과 분지들로 끝없이 이어져 있는 길
페달링 하면서 오르는 생각의 길이 된다

금방이라도 하늘 속으로
빨려 들어갈 듯한
착각을 불러일으킬 즈음
모든 사물은 눈 아래 머문다

둔지 오름을 향해
고갯길 털털대며 올라가던 덤프트럭도
제 무게 무거워
커브를 도는 순간에도
힘겨운 소리를 낸다
잠시 숨 고르며 쉬어가는
덩치 큰 덤프트럭

염치없이 웃자란
생명의 줄기가
둔지 오름에 숨 가쁘다

## 휘파람새

밤을 밀어내는 새벽 여명
뒷산 숲속 휘파람새의 울음소리
덩달아 아침을 알린다

허공에 날갯짓 낯선 길을 나서듯
새로운 길을 모색한다

때론 바람 타고 날아온
풋풋한 사랑도 만난다

포근한 가슴 품속에 안긴
너와 나의 따뜻한 이야기
잔잔한 호수는 너의 마음을
비추는 거울 속 같다

숙성된 긴 세월 함께한
우리의 사랑 눈빛만 봐도
알아차리는 어질머리
저 휘파람새를 닮았다

## 뻐꾸기

뒷산 뻐꾸기
허공을 향해 울음 우는 소리
커다란 눈동자엔 눈물 그렁하다

어느새 놓고 간 겨울 이야기
흰 눈 속에 찍히던 발자국
흔적도 없이 사라지고
혼자 남아 봄 산을 지키고 있다

숙성된 긴 세월
함께한 우리들의 사랑도
이제 떠나고
고분으로 남아있는 전설처럼
지워지지 않는 파란 기억들

## 하나인 듯 둘이 되어

너와 나
하나인 듯 둘이 되어
강물에 윤슬처럼
빛이 되어 흘렀다

세월은 흘러
그 뜨겁던 열정도
한 조각 얼음처럼
차가운 석상이 된다

삶의 긴 목숨
운명의 굴레 속에 갇힌다
하지만 사랑만은
결코 유통기한이 없다

## 당신의 호수

잔잔한 호수에
커다란 돌덩이 하나 던져 놓고
먼 길로 훌쩍 떠나버린 당신

아무리 가시는 길 바빠도
마음속 응어리도 거두고 가소서

당신이 만들어놓은
고요한 호수는
아프게 멍들어 깊어갑니다
떠나시는 길 멀어도
고달픈 내 사연 들리나요
힘들고 지쳐
떠나지 않는
질긴 목숨의 소리 듣고 있나요

세월은 흘렀지만
당신 떠난 그날은
늘 내 앞에 선명합니다
그날의 그 슬픔은 지금도
아프게 나를 떠나지 못합니다

## 새벽 풍경


북한강과 남한강이
몸을 섞어
한강으로 가는 길

막힘없이
출렁이는 물결
무지개 빛 펼쳐
또렷하지 않은 명암
은유로 표현하는 언어
몽환의 그리움으로 떠다닌다

계절이 비껴간다

상념의 무게로 앉은
무언의 밀어들
비단 한 필 풀어놓는다

먼동이 트고
햇살이 찾아온 자리
온도에 따라

빛에 따라
떠나버린 추억
오늘 새벽안개 속에서 찾는다

# 돌멩이 하나

그녀의 가슴에
돌멩이
하나 둘 던져놓고
파문으로 출렁인 채
먼 길 떠나버린 당신

갈 길이 멀다 해도
응어리진 마음
거두고 가지 못한 채
멀어진 그리운 그날
고요한 정막 속에
먹구름 한 점으로 떠 있다

홀연히 떠난 당신
이젠 고달픈 사연들
내려놓고 기다림으로 가득하다

지워지지 않은 모든 것
언젠가 나뒹구는 돌멩이
하나 둘 내려놓고

당신의 곁으로 다가가
그리움에 젖은 영혼이 되어
당신의 두 손 꼭 잡고
걸어보고 싶습니다

## 우울한 미세먼지

고요해진 대지 위
촉촉한 비 소리 없이 내린다

한 계절 내내 햇살 가리웠던
우울한 미세먼지
오랜만에 만나는 쾌청한 날씨

찔레꽃 줄기마다
조용히 가시 품고
하얀 꽃 또는 분홍 꽃망울 담고
햇살의 간을 맛보고 있다

오늘따라 내리는 비
꽃봉오리 여유로움 때문일까
이젠 들린다
찔레꽃봉오리에서
터진 하얀 웃음소리

## 앨범 속 사진

장롱 속 깊숙이
앨범 한 권
살포시 펼쳐보니
오래된 낡은 사진 한 장이
해바라기 꽃처럼
살짝 눈웃음 짓고 있었다

잊지 못할 꽃향기와 추억
아련한 행복이고 기쁨이었다

아끼지 않으시고
잔잔한 가슴으로
언제나 안아주시던
그리운 어머니
스쳐가는 바람소리도
나의 어머니 목소리가 된다

앨범 속에 소복이
담겨 있는 삶의 흔적
아픔과 간곡함으로
가득 채워져 있다

## 꿈길

봉기 큰댁으로 가는 길목
꿋꿋이 마을을 지켜내는
정자나무 한 그루
긴 세월 잘 버티고 있었다

나무 아래
둥근 의자에 걸터앉은
여인네들
무슨 얘기를 나누고 있을까

까치들은 큰어머니 댁으로
달려가 소식을 전하고 있었다

빨래터에 방망이질하던 여인들
정자나무 아래로 몰려들었다

희야는 어머니 손을 꼭 잡고
한참을 붉은 노을 바라보며

엄마의 젊음이 사라지고
그림자만 가득한 빈자리
거기
그 나무 아래서 햇살처럼
따스한 온기 느껴본다

엄마가 앉았던 그 자리
구름 한 송이 내려놓았다

간밤 꿈속에서 만나
찾아오라던 말 듣고
먼 길 찾아 나섰지만
끝내 엄마는 만나지 못했다
꿈길이 아니길 바랐건만

## 인도길

길 위에 바람이 쓸린다
바람 따라 주위를 돌아보는
여유를 잠시 가져본다

건너편 작은 오름
자생하는 나무들
붉게 가을로 물들었다

밤나무에서
떨어지는 알밤소리
낙엽들이 바스락대며
가을을 노래하고

산딸기
익어가는 계절
저물녘 쉬어가는 곳에

오래오래
지워지고 않는
추억의 한 끝 그 길

## 연잎 우산

늦은 밤부터
내리는 비
가만히 내리는 빗소리

어릴 적 작달비
연잎우산으로
서로의 가슴을 감싸주었던
추억의 조각들
허전함이 앞선다

이제
모두 희미해진 기억으로
천천히 하나 둘
무게를 털어내며
가랑비가 되어
그리움을 밀쳐 놓는다

## 자몽차를 마시며

고요한 오후엔 나만의 시간이다
창밖에 휘날리는 눈발을 보면서
따뜻한 자몽차 한 잔 마신다

묻어둔 추억이 침묵 속에 스며들어
찻잔 속에 아른거린다

그리움을 마주하고
추억을 꽃피우고 싶은
오늘처럼 눈발 흩날리는 날이면

기억 속에 머물렀던 이름들이
오후 내내 자몽차 앞에서
분홍빛 사연 사르르 풀어놓는다

제3부

꽃구경 가요

## 겨울나무

귀를 대고
너에게 속삭인다
너는 혼자가 아니라고

꽃 피우고 잎을 덧대며
땅 그늘 만들고
몸 휘도록
열매를 업고도 마냥 좋았던
화려한 시절도 있었다

지금은 침묵만 껴안고
차디찬 계절
묵묵히 견뎌내고 있지만
누가 잘못 살았다고 말하겠는가

가진 것 모두 내려놓고
서로 쓸쓸함을 위로하며
촘촘히 의지하고
서 있는 고독한 겨울나무
가녀린 너의 등 뒤로
별이 유난히 빛난다

## 각시붓꽃의 슬픔

언제부터인가
나는 알고 있었다
주방 한 켠
숨죽인 울음소리

사월 하순 어느 날 밤
자다 깨어
이불속 숨 죽여
어깨 들썩이던
어머니를 보았다

물설고 낯선 곳으로
떠나보내야만 했던
다 피지 못한
푸른 대궁 속
어린 꽃망울

수줍게 낯붉히며
손 놓지 못하던 이별

칭얼대는
별빛 달빛

떠난다는 것은
이렇게 큰 서러움인 것을

발걸음마다 엎혀
각시붓꽃 울음 운다

# 능소화

뜨거운 여름의
열기도 마다않고
주홍빛 심장 열어
꽃을 다는 저 너그러움

열어 놓은 창문 안의
내밀한 이야기소리
슬며시 엿듣는
능소화의 큰 귀
어쩌다 불어오는 바람에도
집 안 깊숙이까지
탐을 내는 능소화

그림자 드리운
내 집 앞뜰
유월을 지나
슬쩍 넘어오는 꽃

## 야생화

뒷마루에서
그녀는
올망졸망 야생화
무리를 바라본다

장독대 한 켠
무심히 핀 꽃들

떠나버린
추억의 시간들
메마른 손길

이제야 그녀의
묵은 사랑 들추며
마음속 갇혀있던
이름 불러본다

# 제비꽃

땅 금 간 틈새로
봄을 기다려본다

발아된 씨앗들
이마 위에 새순 걸치고
세상 밖을 기웃 댄다

새삼 작은 제비꽃
그 생명 놀랍다
우주를 들어 올렸다

보랏빛 물감을
풀어놓았다
저녁으로 물들어가는
추억 속 어느 봄날

## 꽃구경 가요

비 멈추면
꽃구경 가요

매년 피는
꽃이긴 하지만
어머니와 함께 보면
또 다른 향기를 만나요

그런 다음엔
또다시
A4 용지 한 장에
담을 수 있는
사연의 꽃으로
우리 모두 만나요

## 수선화 앞에서

햇살 받으며
한 송이 수선화 피었다
명주바람 불어오는 속으로
그녀의 얼굴을 본다

추억으로 스며오는 따스한 그녀
오랜 세월 폭풍우에 시달려도
꺾이지 않았던 수행자였다

노을 진 저녁 수선화 길
옷고름 풀어놓고
만나는 기억 속 그리움
지금 내 곁에서
고여 있는 새파란 고뇌의 넋

## 질경이 꼴똑차다

땅속 깊게 뿌리를 내리고 살아간다
밟혀도 밟혀도 되살아나는 질경이
돌개바람이 불어도
오가는 이 무수한 발자국 소리에도
절대 기죽지 않는 질긴 목숨

요즘 건강에 좋다는
질경이를 찾아 나선다

오늘 내 가는 길

질경이꽃 꼴똑꼴똑차다

# 봄꽃 앞에서

추위가 멈춰진 계절
시샘하는 꽃샘바람은 가끔
나무 언저리에 맴돌다 간다

화사하고 순하디 순한 봄날
생기 도는 나무 몸에서
수런거리는 소리 들린다

길게 이어진 길 양쪽엔
자고 나면 벚나무 꽃등 밝히고
허공에서 한들거리며
지상을 내려다보는 꽃의 얼굴
그 아래로 여유롭게 걸어가는 웃음들과
우울한 마음을 풀어내는 표정들이
봄꽃 앞에 포즈를 잡고
핸드폰에 저장하느라 바쁜 봄날이다

꽃을 보면 왠지 착해지고 순해지는
나도 모르게 꽃을 닮고 싶은
오늘은 내 가슴 깊숙이
꽃 한 송이 피워보고 싶다

## 봄날에

따가운 햇볕이
목덜미를 파고든다

웃자란 목련
아픈 상처를 감싸 안았다

고고한 자태
솜털 살결을 드러내는
은빛 봉오리

창밖에 서서
일곱 날도 채우지 못한
삶의 언저리
나는 한참 동안
그 가장자리를 서성였다

## 돌담에 핀 꽃

노란 별꽃들이 줄줄이 피었다
돌담 울타리 위에
집으로 가는 구부러진 길목
길을 따라 허리 굽힌 나무들
올봄 향연 각색의 꽃들
종일 인사하느라
휜 허리 더욱 굽었다
성급하게 봄을 기다린
개나리 꽃잎들
기억 속 추억의 적요

## 박꽃

고향 제주도 화북동
길게 걸친 하얀 박꽃
어스름 해질녘
어린 속살 달빛 받는다

마당 한편에는 한 무더기
어머니 피워 준 물쑥 연기
모기떼 쫓아 주시고
어린 피붙이들 멍석 위
주먹만 한 하늘의 별
다투어 따온다

어느새
별들도 돌아간 자리
하얀 박꽃만
눈부시게 피었다

## 동백꽃

동백꽃 피었다
뒷산 길가 피었더라면
오가느니 덕담 한 마디
던져주고 갈 텐데
아니 온실 속에 피었다면
사랑받고 살 진대
한 그루 동백은 원통하고 서럽다

뜨거운 꽃술
올리지 않았다면
이 슬픔도 없었다

안으로 안으로만
품었던 가슴앓이
긴 세월 처절한 울음만 남았다

기댈 곳 없는 심장
견딜 수 없는 고달픔
어두운 그늘 속 숨어
피고자 다짐했다

지난밤
긴 슬픔의 덩이덩이
핏덩이 붉은 저 아픔
저 하늘 끝에 서려
달은 지고 별은 떠도
동백꽃 봉오리
여전히 피고 지고

## 바람꽃

아침을 기다린다
봄기운이 싹트고 있는 곳

어딘가를 재촉하며 가냐고
그녀가 묻고 있었다
봄 산에 바람꽃 만나러
간다고 대답했다
계절에 대해 또다시
그녀가 묻고 있었다
또 봄꽃 만나
웃으러 간다고 답했다

양지꽃도 피었냐고 물었다
난 그 해답을 전하지 못했다
없음이라고 답하고 말았다
오늘은 무슨 꽃 피웠냐고
그녀가 또 물었다
나는 바람꽃이라 말했다
내면에서 발산되는 그 힘
나는 한참 동안 말없이
딴 사람이 되고 말았다

햇살이 향하는 그곳
꽃들은 만발했다
헤아릴 수 없이

# 목련

숨겨놓은 비밀처럼
순백으로 매달린 미소

봄 햇살 온몸으로 받으며

사람들 시선 온몸으로 받는
고귀하고 우아한 저 표정들

웅크린 채 앉아있는 새가 되었다가
하얀 마스크로 나무의 얼굴 가렸다가
봄볕이 훈훈해질수록
고고한 웃음 허공에 가득하다

꽃잎 활짝 펼치며
하늘하늘 날갯짓 하는 목련꽃
바람 불면 새처럼 훨훨
허공을 향해 날아갈 준비태세

## 꽃은 지고

잎이 진다
잔가지에 묻어있는 슬픔
봄비 속에
조용히 흐른다

황홀함도 잠깐
속살거리는 빗소리 타고
꿈꾸듯 그녀의 가슴에 스며든다

초록 눈빛
연둣빛 잎사귀
무성한 숲 속에서

제 무게 견디지 못하고
봄비에 젖어 떨어지는
그리움의 꽃잎 꽃잎들

## 제4부

## 잊혀지지 않는 것들

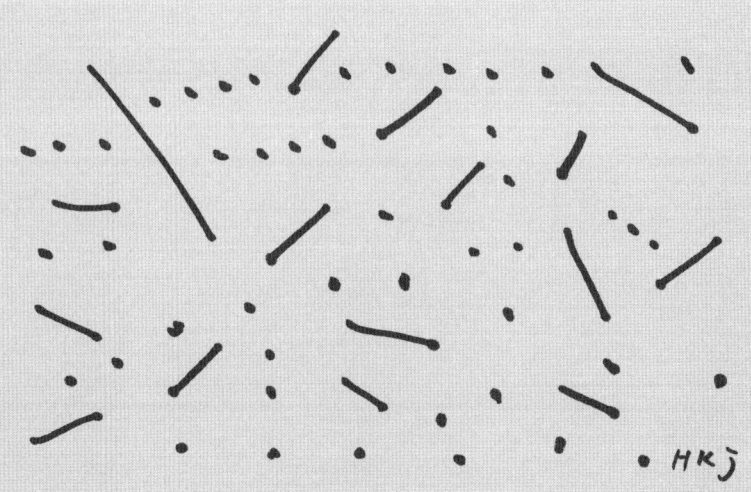

## 전철 안에서

주머니 속에 손을 넣고
종종걸음으로 집에 가는 길
전철 안으로 시간을 실었다

차창 밖 풍경을 묵독으로
한 줄 한 줄 읽어 내려간다

칸칸이 독서실처럼 여기저기
핸드폰 펼쳐 놓고
독서에 빠져드는 사람들

핸드폰에 시선을 고정하고
집중하는 전철 안 풍경
온통 독서 삼매경이다

# 잊혀지지 않는 것들

올해도 봄꽃은 가득하다
그는 그림자조차
남기지 않고
떠난 지 오래다

난 허공에 별꽃만
아무런 의미도 없이
세고 있다

수북이 쌓인
추억조차 찾지 못하고
아무 일 없는
하루를 허공에
짚어가고 있다

홀로 남아있는 용기로
마지막 안간힘을
써 본다
잊기 위한 몸부림

귓가에 맴도는
그의 음성을
채색해 가며
오늘따라
푸른 기억
낙관처럼 새겨본다

## 저물어가는 시간들


한 해가 저물어 가고
서서히 시간을 재촉하는
날들이 찾아들고
아쉬움만 가득

막무가내로 찾아드는 후회들
정신없이 분주했던 기억
그래도 자꾸만 그리움으로 남는다

한 해 동안
기뻤던 일, 슬펐던 일

때론
너무도 행복했던 일들까지도

저 편 기억 속으로
자리매김하는 추억들

가슴속 채워짐의 시간들

밤마다 자라나서
훌쩍 떠나가 버린
낯선 길목 어귀에 선다

다시 한해의 물음표 찍다

# 불광천

은평구 응암동
그녀가 살고 있었다

지상에서
가장 아름다운 은평구
팔월이면 둔 턱에 앉아
시 한 편을 읊는다

햇살이 눈부신 날
불광천 갯버들 틈새
어미청둥오리와 아기오리
날갯짓하며 시낭송을 듣고
뒤뚱뒤뚱 걸어오는
그녀의 관객들

언제 노래 연습하였을까
독창 합창 때로는 이중창으로
지휘도 악기도 하나 없는데
또박또박 음정 박자 맞추며
목청껏 노래 부른다

그들과 함께한 추억들
강물에 걸쳐놓고
숨어버린 채 돌아오지 않는
흘러간 시간이
자꾸 그리움으로 걸어오고 있다

## 생의 낙엽


산에 오른다
바람 몰고 온
낙엽들이 아우성이다

머무르지 못하고
부서지고 찢기우는
아픔 하나
힘겹게 뒤척인다

지난날
푸르름이 퇴색되어
가눌 수 없는
뒤틀림으로 남겨진
생의 낙엽 소리

허기진 시간은
몸 안에 또 하나의
이정표를 세우며
부끄러운 맨발로
다시 딛고 일어선다

## 가랑비 내리면

가랑비 내리는 날
너와 나 단 둘이 걷고 싶다

안개비 작은 빗방울들
호박잎 우산 쓰고
풀꽃 핀 들길 걷다 보면
가슴에 쌓인 응어리
사르르 풀어질 테지

이제 다 내려놓고
천천히 하나 둘
억장의 무게를
털어내고 싶다
가랑비 내리면
한 송이 풀꽃으로
그대 곁에서
비우고 채우는 연습 중

## 흔들리는 깃발

어느 날처럼
조용히 다가와
가슴 한편에 얹히는 연민
알 수 없는
짙은 어둠 속에서
꿈틀대며 석상으로 남은 쓸쓸함

오늘밤도
더는 참을 수 없어
힘겹게 버텨 온 그 아픔의 덩이

파랑을 껴안은 바람
깃발의 그림자
내 지난 아픔들을
폭포처럼 토해내는
저 흔들리는 깃발들

## 감귤 밭에서


키 낮은 노오란 감귤나무
탐스럽게 매달려 휘어진 가지
제 무게를 이기지 못하고
지친 듯 늘어져 있다

제 몸 만들기
옆에서 톡 톡 톡
가위소리 정겹게 들린다

그 소리에
감귤향기 묻어난다
소리마다 리듬을 타면서
키우는 저녁 햇살에
황금빛 더욱 빛난다

## 홀씨는 생명을 달고

온 사방 푸름의 나뭇잎
연륜에 지친 그리움으로
하나가 된 연리지
잎마다 아픔의 흔적
옹이 진 그루터기
훈장처럼 달고 서 있다

홀로 제 목숨 지키는 홀씨들
어디론가 자리를 뜨고
시간을 엮어낸
계절 속 풋 서리길

어디서나 세월 속
흙냄새 나무냄새
삶의 지친 마음들
위로하고 있다

그늘 아래 잠든 세포들 깨워
기지개 켜는 소리 무성하다

애틋한 숨결 빼곡히 채워진 생명
보이지 않는 파장의 소리
오후의 한 복판

# 먹구름

사방에서 몰려오는 검은 구름
금세 앞은 캄캄해지고
방향 잃은 철새처럼
날갯짓 가쁜 숨을 몰아낸다

사람이 그리워 불현듯
세상 밖으로 나갔으나
가슴에 낀 먹구름은
쉽게 벗겨지지 않고
다시 나를 가두어버렸다

여러 해 동안
그 속에 갇혀 웅크린 시간이
내 손을 잡아당겼다

오래도록 갇혀있던 우울
한꺼번에 쏟아낸 후에야
선명하게 꽃들이 보이고
꽃들은 그 웃음을 본다
그 웃음들이 내게 말을 걸어왔다
모든 슬픔 잊고
스스로 마음의 꽃 피우라고

## 시율이의 아침

봄이 오는
첫날 아침
꽃봉오리 망울졌다

그에 질세라
시율이도 웃음을 팡팡 터트린다

꽃나무에만 꽃이 피는 것이 아니다
봄 햇살 품속에 파고들고
불어오는 봄바람 날갯짓에도
매화의 향기 덩달아
봄은 좋아라
함박꽃을 피운다

오늘도
시율이 저녁은
잠긴 눈망울 비비며
봄빛 웃음으로
달려가 안기는
엄마의 품

# 봄길
―지운에게

혼자서
봄 길을 걸어봅니다

봄꽃 바람에 흔들려봅니다
마음도 덩달아
자꾸 흔들립니다

봄바람과 마주친 그 녀석
크고 맑은 눈망울
그녀의 마음도
잔잔한 바람처럼
닮아가고 싶습니다

그 녀석 생각하면
입가에 절로 미소가
생겨납니다

잔잔하게 불어오는
봄꽃 향기에
가슴을 열어봅니다

내 가슴
초록으로 물든 오솔길
여섯 살 여린 잎처럼
반짝이는 그 손 꼭 잡고
나란히 걷고 싶습니다

## 나의 보물

아침 여섯 시면 어김없이
손주 녀석 문안 오는 시간이다

똑 똑 똑
할머니 안녕히 주무셨습니까?
공손히 배꼽 인사를 한다

고사리 같은 손으로
냉수 한 컵 들고 사뿐사뿐 걸어온다
할머니!
물 한잔 드세요
아침에는 물 한 컵이 건강에 좋아요
또랑또랑 말도 잘하는 손주 눈망울에서
초롱초롱 빛이 난다

여섯 살 고사리 손으로 할머니를 챙기는
눈에 넣어도 아프지 않은 속이 꽉 찬
대견스러운 손자는 우리 집 보물 제1호

## 쑥불

어스름 해질녘이 되면
거친 멍석과
평상에 둘러앉아
시끌벅적 꽃 피우던
내 유년의 마당

모기떼 몰려들 때면
마당 귀퉁이에
어머니가 피워놓은
매콤한 쑥불 연기

매년 이맘때쯤
어린 시절 풍경이
가슴에 펼쳐지고
어머니 불러 주시던
조용한 노래와 쑥 연기는
도심 속 여름밤을
그리움으로 물들인다

# 제주에서

짙은 안갯속
아련히 뵈는 주위의
작은 바위섬을 바라본다

제주 섬 물 위에 떠 있다

오름과 분지들로 끝없이
이어져 있는 너

금방이라도 하늘 속으로
빨려 들어갈 듯한
착각을 불러일으킬 즈음
사방으로 풍경들은
눈 아래에 머문다

탁 트인
오름을 향해 나아간다
어느 순간 고갯길을
털털대며 올라가던
덤프트럭도

제 몸무게 버거워
고갯길 오르면서
힘들게 내는 소리도
우리의 인생과
별반 다를 게 없다

## 파도의 어깨

소용돌이치며 꼬리를 물고
몰려드는 파도
흔적 없이 깨어지는 굴레
시작도 모른 채 굽이치고
건너온 시간의 끝자락
힘겨운 삶의 무게

서로의 어깨
다독이며 스러진다

저 멀리 출렁이는 수평선
눈부신 은빛물결
기댈 곳 없이 달려온
아픈 삶의 중량
등짐 지고도 선한 손길로
갯바위 가슴을 쓸어준다

평설

| 평설 |

# 어머니의 부재와 나의 현존 사이의 애절한 사랑
― 신가은 시인의 시세계

### 허 형 만
(시인 · 목포대 명예교수)

발아된 씨앗들
이마 위에 새순 걸치고
세상 밖을 기웃댄다

새삼 작은 제비꽃
그 생명 놀랍다
우주를 들어 올렸다

― 「제비꽃」

## 1.

　신가은 시인의 작품 세계를 이해하기 위한 열쇠로 하이데거의 시 쓰기에 관한 사상의 바탕을 먼저 살펴볼 필요가 있다. 하이데거의 시 쓰기 사상의 바탕을 허만하 시인은 계간 문예지 《예술가》 제17호(2014, 여름호)에 네 가지로 간추려 놓았는데, 그중 세 번째 항목으로 작품에 관한 글이 신가은 시인 작품 세계와 밀접한 관계를 갖고 있다. 즉, 작품은 그것에 고유한 현존재에 의한 하나의 사건(Ereignis)이다. 예술 작품 안에서는 그 이전에는 인식되지 않았던 의미 깊은 것이 경험될 수 있을 뿐만이 아니라, 작품 그 자체와 함께 무엇인가 새로운 것이 현존하게 된다. 종래의 일과 상투적인 것이 되어 있는 모든 것을 밀쳐 넘어뜨리는 충격이다. 이 충격 안에서 여태 현존하지 않았던 세계가 열린다.

　신가은 시인의 시 세계가 이 시집에서 두드러지게 자리하고 있는 것은 돌아가신 어머니의 부재로 인한 그리움과 현존재인 시인 자신의 현실적인 삶이, 즉 '없음'과 '있음'이, 팽팽한 긴장 관계를 지속시키고 있다는 점이다. 잊을 만한 어머니라는 존재의 부재는 오히려 시인의 내적 사유 속에 똬리를 틀고 있으면서 틈난 나면 언제든 '드러내려는' 성질을 갖고 있다. 다시 말해, 어머니의 부재를 한사코 인정하려 하지 않는다. 이는 하이데거가 말한 릴케 시의 키워드 중 하나인 '비은폐성'과 같은 개념의 성질이다. 이처럼 어머니의 부재를 발견하는 시인으로서는 '없음'의 존재를 '있음'의 존재로 드러내는 역할을 하는 '발견자'의 위치에 자리한다. 이 '발견'은 곧 시인 자신인 '나'에 의하여 이루어진다. 그러면 먼저 어머니에 대한 시적 사유를 살펴보자.

    언제부터인가
    나는 알고 있었다
    주방 한 견
    숨죽인 울음소리

    사월 하순 어느 날 밤
    자다 깨어
    이불 속 숨죽여
    어깨 들썩이던
    어머니를 보았다

    물설고 낯선 곳으로
    떠나보내야만 했던
    다 피지 못한
    푸른 대궁 속
    어린 꽃망울

수줍게 낯붉히며
손 놓지 못하던 이별

칭얼대는
별빛 달빛

떠난다는 것은
이렇게 큰 서러움인 것을

발걸음마다 얹혀
각시붓꽃 울음 운다

― 「각시붓꽃의 슬픔」 전문

 신가은 시인에게 어머니에 대한 추억은 언제부터인가 "주방 한 켠/ 숨죽인 울음소리"로부터 "사월 하순 어느 날 밤/ 자다 깨어/ 이불 속 숨죽여/ 어깨 들썩이던" 것을 본 것으로 자리한다. 어머니가 왜 우셨는지 그 이유는 작품 표면에 나타나 있지 않았지만, 어머니의 울음은 시인과의 관계 속에서 잊지 못할 어떤 사연이 내재 되어 있을 것이라는 점을 상상해 볼 수 있다. 왜냐하면 그다음으로 이어지는 상황, 즉 어머니의 죽음으로 "물 설고 낯선 곳으로/ 떠나 보내야" 하는 "다 피지 못한/ 푸른 대궁 속/ 어린 꽃망울"인 시인이 "수줍게 낯붉히며/ 손 놓지 못하던 이별", "떠난다는 것은/ 이렇게 큰 서러움"의 기막힌 심정이 이어지고 있기 때문이다.

  어머니를 떠나보낸 시인은 각시붓꽃으로 치환되어 자리하고 있다. 이로써 우리는 시인이 고귀함, 섬세함, 사랑과 지혜를 상징하는 각시붓꽃을 매우 좋아하고 있음을 알 수 있다. 각시붓꽃은 예로부터 신성한 꽃으로 인식되어 왔다. 각시붓꽃은 아이리스(Iris) 속에 속하는 화초로 그리스 신화에서는 무지개 여신 아이리스(Iris)가 하늘과 땅 사이의 역할을 맡아 이 세상과 저 세상을 연결하는 역할을 했다고 한다. 또한 아이리스는 선녀들의 메신저로, 죽은 자의 영혼을 저승으로 인도하는 데 사용되는 꽃꿀을 만드는 재료가 되기도 했다 한다. 이러한 신화를 알고 나면 신가은 시인이 어머니를 보내면서 왜 자신이 평소 사랑했던 각시붓꽃이 되었는지를 이해할 수 있으리라.

    해바라기처럼 외롭게 미소 지으며
    오래된 앨범 속에서
    그리움 캐내며
    그 곳 그 자리에
    쓸쓸히 서 있는 어머니

    앨범 속에 보관해둔
    어머니 흔적들

지난 추억 들추며

보고 싶은 어머니랑

마주하는 오늘

어떻게 지내시는지

안부도 묻고

쌓였던 이야기

힘들고 버거워

속마음 술술

어머니 그 품에 얹어 놓았다


사진 속의 어머니는

아무 말 없이

눈으로만 말을 하고

눈으로만

나를 꼭 안아주었다

가여운 내 딸아!

자신감 있게 살아야 한다

여러 번 눈으로

말을 건네며

내 어깨에 용기를

얹어주신 어머니

오늘은 앨범 속에서

애틋한 그리움과

종일 얘기하는 시간

어머니 목소리

귓전에 맴도는 하루

―「추억을 꺼내며」 전문

신가은 시인에게 이제 어머니는 사진첩 속에만 존재한다. 어머니가 그리울 때면 시인은 "오래된 앨범"을 펼치고 "해바라기처럼 외롭게 미소 지으며/ 그곳 그 자리에/ 쓸쓸히 서 있는 어머니"를 만난다. 앨범 속에는 살아생전의 "어머니 흔적들"이 보관되어 있어 오늘은 "지난 추억 들추며/ 보고 싶은 어머니랑" 마주한다. 그리고 사진 속 어머니와 대화를 한다. "어떻게 지내시는지" 안부를 묻고는 이내 시인의 그동안 가슴에 쌓였던, 버겁고 힘들었던 속마음을 "어머니 그 품에" "술술" 풀어 놓는다. 그러면 사진 속 어머니는 "아무 말 없이/ 눈으로만 말을 하고/ 눈으로만/ 꼭 안아주었다". 시인은 사진 속 어머니의 말씀을 알아듣는다. "가여운 내 딸아!/ 자신감 있게 살아야 한다"는 말씀을.

시인은 어머니를 생각하면 "아끼지 않으시고/ 잔잔한 가슴으로/ 언제나 안아주시던/ 그리운 어머니/ 스쳐가는 바람 소리도"(「앨범 속 사진」) 어머니의 목소리가 된다. "잔잔한 가슴으로/ 안아주시던/ 당신의 젖은 가슴/ 이제 말문 닫은 채/ 웃음만 건네는/ 사진 속 어머니"(「어머니의 흔적」). 시인에게 어머니는 그만큼 "잊지 못할 꽃향기와 추억/ 아련한 행복이고 기쁨이었다"(「앨범 속 사진」).

2.

어스름 해 질 녘이 되면
거친 멍석과
평상에 둘러앉아
시끌벅적 꽃피우던
내 유년의 마당

모기떼 몰려들 때면
마당 귀퉁이에
어머니가 피워놓은
매콤한 쑥불 연기

매년 이맘때쯤
어린 시절 풍경이
가슴에 펼쳐지고
어머니 불러 주시던

조용한 노래와 쑥 연기는

도심 속 여름밤을

그리움으로 물들인다

―「쑥불」 전문

 신가은 시인이 어머니를 그리워하는 추억 중에 유년 시절의 추억을 빼놓을 수 없다. 시인의 유년의 마당은 어스름 해 질 녘 "거친 멍석과/ 평상에 둘러앉아/ 시끌벅적" 온 가족이 함께 자리했던 걸 빼놓을 수 없다. 물론 모기떼 몰려들 때면 "마당 귀퉁이에/ 어머니가 피워놓은/ 매콤한 쑥불 연기"와 "어머니 불러 주시던/ 조용한 노래"는 이제 어른이 되어 "도심 속 여름밤"이면 그리움으로 가득하다. 그리움의 한가운데 자리하는 어머니와 함께 "어린 피붙이들 멍석 위/ 주먹만 한 하늘의 별/ 다투어 따온다//어느새/ 별들도 돌아간 자리/ 하얀 박꽃만/ 눈부시게"(「하얀 박꽃」) 핀 고향의 밤은 시인에게 잊을 수 없을 것이다.

 유년 시절 추억 중 못 잊을 것은 또 있다. 일곱 살 때 엄마 손 잡고 우물로 따라갔던 추억이다. "어릴 적 아랫마을 한 켠에 있던/ 우물이 생각난다/ 아낙네들은 물동이 머리에 얹고/ 어린 것 엄마 손에 이끌려 온/ 꽃무늬 원피스의 일곱 살 계집애/ 한껏 뽐내면서 웃음을"(「그곳에 우물」) 흘렸던 추억 말이다. 시인은 이때 우물 속을 보며 자신의 꿈이 출렁이었음도 잊지 못한다.

봉기 큰댁으로 가는 길목
꿋꿋이 마을을 지켜내는
정자나무 한 그루
긴 세월 잘 버티고 있었다

나무 아래
둥근 의자에 걸터앉은
여인네들
무슨 얘기를 나누고 있을까

까치들은 큰어머니 댁으로
달려가 소식을 전하고 있었다

빨래터에 방망이질하던 여인들
정자나무 아래로 몰려들었다

희야는 어머니 손을 꼭 잡고
한참을 붉은 노을 바라보며

엄마의 젊음이 사라지고
그림자만 가득한 빈자리
거기
그 나무 아래서 햇살처럼

따스한 온기 느껴본다

엄마가 앉았던 그 자리
구름 한 송이 내려놓았다

간밤 꿈속에서 꿈에서 만나
찾아오라던 말 듣고
먼 길 찾아 나섰지만
끝내 엄마는 만나지 못했다
꿈길이 아니길 바랐건만

—「꿈길」

  신가은 시인에게 있어 어머니에 대한 간절한 그리움은 꿈속에서도 어머니를 만난다. 꿈속에서 만난 어머니가 당신을 찾아오라는 말을 듣고 "봉기 큰댁으로 가는 길목/ 꿋꿋이 마을을 지켜내는/ 정자나무"를 찾아갔다. 그 정자나무는 살아생전 어머니가 정자나무 아래 둥근 의자에 늘 앉았던 곳이다. 오늘 시인이 찾아간 정자나무 아래 둥근 의자에는 "빨래터에 방망이질하던 여인들" 몰려들어 서로 얘기를 나누고, "까치들은 큰어머니 댁으로/ 달려가 소식을 전하고" 있는데, 정작 보여야 할 어머니는 보이지 않는다. "엄마의 젊음이 사라지고/ 그림자만 가득한 빈자리/ 거기/ 그 나무 아래서 햇살처럼/ 따스한 온기"를 느끼며 "꿈길이 아니길 바랐건만", 그뿐, "끝내 엄마는 만나지 못했다". 어머니에 대한 간절한 그리움이 가슴 저미게 하는 시인의 사모곡思母曲은 "잔잔한 호수에/ 커다란 돌멩이 하나 던져 놓고/ 먼 길로 훌쩍 떠나버린 당신// 당신이 만들어 놓은/ 고요한 호수는/ 아프게 멍들어 깊어갑니다/ 떠나시는 길 멀어도/ 고달픈 내 사연 들리나요/ 힘들고 지쳐/ 떠나지 않는/ 질긴 목숨의 소리 듣고"(「당신의 호수」) 있느냐고 하소연한다.

　시인의 어머니에 대한 그리움은 가을 앞에 우두커니 서서 "암벽화처럼 새겨져 지워지지 않는"(「그리움 하나」) 이름으로, "가을 낙엽들의 이별이/ 아쉬웠던 계절/ 주름진 손 흔들던 엄니의 모습/ 그 기억"(「홀로 떠난 먼 길」)으로, 심지어 설날 아침에도 "새소리 바람 소리와 어우러져/ 엄마의 목소리 더욱 그리움으로 남는"(「새해 첫날」) 걸 어찌할 수 없다. 그렇다고 시인은 마냥 어머니를 그리워하고 있지만은 않는다. 오히려 어머니를 다시 만날 날을 생각하며 희망을 품는다. 이제 시인은 "지워지지 않은 모든 것/ 언젠가 나뒹구는 돌멩이/ 하나둘 내려놓고/ 그의 곁으로 다가가/ 그리움에 젖은 영혼이 되어/ 당신의 두 손 꼭 잡고/ 걸어보고 싶"(「돌멩이 하나」)은, 그리고 "매년 피는/ 꽃이긴 하지만/ 어머니와 함께 보면/ 또 다른 향기를 만나"(「꽃구경 가요」)니 어머니와 함께 꽃구경 가고 싶은, 시인의 간절한 소망을 보인다.

아침을 기다린다
봄기운이 싹트고 있는 곳

어딘가를 재촉하며 가냐고
그녀가 묻고 있었다
봄 산에 바람꽃 만나러
간다고 대답했다
계절에 대해 또다시
그녀가 묻고 있었다
또 봄꽃 만나
웃으러 간다고 답했다

양지꽃도 피었냐고 물었다
난 그 해답을 전하지 못했다
없음이라고 답하고 말았다
오늘은 무슨 꽃 피웠냐고
그녀가 또 물었다
나는 바람꽃이라 말했다
내면에서 발산되는 그 힘
나는 한참 동안 말없이
딴사람이 되고 말았다

햇살이 향하는 그 곳

꽃들은 만발했다

헤아릴 수 없이

― 「바람꽃」 전문

  이 작품은 "그녀"와 "나"의 대화 형식을 갖추고 있되 실제 대화가 아니라 부재의 "그녀"와 현존의 "나"의 상상적 대화이다. 첫 번째 물음은 "어딘가를 재촉하며 가냐"이다. "나"는 "아침을 기다려 봄기운이 싹트고 있는 곳"으로 가고 있는데 "그녀"가 어디로 가느냐고 묻는다. "나"는 "봄 산에 바람꽃 만나러 간다"고 답한다. 바람꽃은 우리나라에 자생하는 종으로 꿩의바람꽃, 회리바람꽃, 홀아비바람꽃, 변산바람꽃 등 15종류가 있다. 꽃말은 '당신만이 볼 수 있어요'다. "그녀"의 두 번째 물음은 "계절에 대해" 묻는다. "나"는 "봄꽃 만나 웃으러 간다"고 대답한다. 바람꽃은 '바람의 딸'이라는 이름과 걸맞게 바람과 가깝고 그늘이 지는 높은 곳에서 주로 봄에 피기 때문이다. "그녀"는 세 번째 묻는다. "양지꽃도 피었냐"고. 그러나, "나"는 그 물음에는 대답하지 못한다. 그래서 "없음이라고 답하고" 만다. 왜 그렇게 답했는지는 시의 표면에는 드러나지 않고 있다. 다만 이른 봄 양지바른 풀밭에 솟아나 노란 꽃을 피우는 양지꽃도 좋지만, 오늘은 한사코 바람꽃만을 만나고 싶은 화자의 심정이 내면에 깔려

있는 것으로 추측된다. 그래서 "그녀"가 "오늘은 무슨 꽃 피웠냐고", 네 번째로 물었을 때 "나는 바람꽃이라" 말한다. 그렇게 답하고 나서 "내면에서 발산되는 그 힘" 때문에 "나는 한참 동안" 말을 잃고 만다. 어쩌면 "그녀"에 대한 내면의 울컥거림, 또는 그리움 등이 한꺼번에 솟아났는지도 모를 일이다. "햇살이 향하는 그곳" 꽃들이 만발한 봄날이기에 더욱 절실해지는 "그녀" 생각으로.

  신가은 시인은 자신의 감정을 한사코 숨기려 하지 않는 성격으로 바람꽃을 통해 "그녀"에 대한 그리움을 드러내듯, 수선화 앞에서도 마찬가지다. 명주바람 불어오는 속으로 핀 수선화에서 그녀의 얼굴을 본 시인은 "추억으로 스며오는 따스한 그녀/ 오랜 세월 폭풍우에 시달려도/ 꺾이지 않았던 수행자"(「수선화 앞에서」)였음을 떠올린다. 이것은 곧 시인의 기억 속 그리움이라고 고백한다. 이 그리움은 "제 무게 견디지 못하고/ 봄비에 젖어 떨어지는/ 그리움의 꽃잎 꽃잎들"(「꽃은 지고」)로 표상되며, "지난날/ 푸르름이 퇴색되어/ 가눌 수 없는/ 뒤틀림으로 남겨진/ 생의 낙엽 소리"(「생의 낙엽」) 같은 회한에 다름아니다. 그뿐만이 아니다. 하늘을 바라보고 서 있는 겨울 소나무 한 그루를 보면서도 "그 소나무 그녀를 닮았다/ 기쁨보다 슬픔이 더 고단했던 삶/ 때로는 멀고 팍팍한 길/ 외로웠던 그녀"(「소나무 한 그루」)를 떠올린다. 소나무 한 그루의 고달픔처럼 그녀의 고달팠던 생을 떠올린다. 그리고 "허리가 휘어지게/ 꽃을 달고/ 먼데 산을 바라"(「금등화」)보는 금등화에서도 그녀의 힘겨웠던 삶을 본다. 결국 신가은 시인에게 있어 "그녀"는 "떠나버린/ 추억의 시간"(「야생화」) 속에 자리하는, "흘러간 시간이/ 자꾸 그리움으로 걸어오고"(「불광천」) 있는 간절한 어머니의 다른 이름이다. 그러면 이제 "그녀", 곧 어머니의 그리움을 벗어나 시인 자신의 삶은 어떻게 표출되고 있는가를 살펴보자.

## 3.

먹구름 내리던 밤
검은빛으로 물든 하늘
험한 세상 어둑어둑
벼랑 끝에 당도했다

언제쯤 내가 설 만한
아름다운 세상 만나게 될까
삶의 길목을 더듬어 본다

사람이 그리워 불현듯
세상 밖으로 나간다

여전히 먹구름은

그대로인 채 가득하다

생의 힘겨운 군상들은

어둠 속에서 허우적거린다

자꾸만

난 푸른 하늘을 그리워한다

오늘도 그날을 기다리며

―「삶의 길목을 걷다」 전문

신가은 시인의 자아의식은 "언제쯤 내가 설 만한/ 아름다운 세상 만나게 될까" 염려하는 조바심에 갇힌다. 시인이 삶의 길에서 본의 아니게 "먹구름 내리던 밤/ 검은 빛으로 물든 하늘/ 험한 세상 어둑어둑/ 벼랑 끝에 당도"했기 때문이다. 삶에서 "먹구름", "검은빛", "험한 세상"은 전혀 시인이 바라던 환경―가타리F. Guatarirk가 말한 3개의 환경, 즉 자연환경, 사회환경, 인간의 내면의 존재방식인 정신환경 같은―이 아니다. 이러한 환경은 순전히 타자성이다. 그래서 시인은 "삶의 길목을 더듬어" "세상 밖으로 나간다". 밖으로 나왔지만 "여전히 먹구름은/ 그대로인 채 가득하"고, "생의 힘겨운 군상들은/ 어둠 속에서 허우적거린다". 그렇다고 여전히 변하지 않는 환경에 시인은 좌절하거나 절망하지 않는다. 오히려 자꾸만 "푸른 하늘을 그리워한다". "오늘도 그날을 기다리"는 희망, 이 점이 신가은 시인의 현존의 의미를 새롭게 한다.

  그래서 신가은 시인은 봄날, "꽃을 보면 왠지 착해지고 순해지는/ 나도 모르게 꽃을 닮고 싶은/ 오늘은 내 가슴 깊숙이/ 꽃 한 송이 피워보고 싶"(「봄 꽃 앞에서」)은 마음이 되고, 땅속 깊이 뿌리를 내리고 살아가는 질경이의 "절대 기죽지 않는 질긴 목숨"(「질경이 꼴똑차다」)을, 꼴똑꼴똑 찬 질경이를 찬양한다. 그렇게 삶에 대한 사고의 전환이 이루어지니 "오래도록 갇혀있던 우울/ 한꺼번에 쏟아낸 후에야/ 선명하게 꽃들이 보이고/ 꽃들은 그 웃음을 본다/ 그 웃음들이 내게 말을 걸어왔다. 모든 슬픔 잊고/ 스스로 마음꽃 피우라고"(「먹구름」) 말이다.

    지난밤
    선잠에서 천둥소리를 들었다

    밤사이
    아무 일 없었다는 듯
    아침이 왔다

    아침 햇살 등에 업고
    오름을 오른다

어느새

서쪽으로 짙은 먹구름

하늘을 뒤덮고

오름의 중턱쯤에서

천기누설 하듯

아름다운 무지개를 만난다

찰나의 그림에

가슴 벅찬 설렘

특별한 선물이다


야~호!

쌍무지개라니

축복처럼

하늘이 내리신

신의 빛깔들

저 찬란한 순간

― 「바리메 오름 찾아서」


"지난밤/ 선잠에서 천둥소리를 들었"으나, 아침에 깨어보니 멀쩡한 날씨에 햇살도 좋다. 시인은 "아침 햇살 등에 업고" 바리메 오름을 오른다. 바리메 오름은 오름 분화구의 모양이 절집에서 승려들이 사용하는 바리를 닮았다고 해서 붙여진 이름이고,

가파르다. 763m의 큰바리메와 725m의 작은바리메가 있다.

시인은 어느 바리메로 올랐는지는 밝히지 않았지만 "오름의 중턱쯤에서" 아름다운 무지개를 만난다. 그 순간의 감격을 이렇게 표현한다. "야호!/ 쌍무지개라니/ 축복처럼/ 하늘이 내리신/ 신의 빛깔들/ 저 찬란한 순간"이라고. 시인이 아닌 일반 사람도 보면 감탄할만한데 하물며 시인의 감탄은 얼마나 감동적이겠는가. 쌍무지개가 떴으니. 그야말로 "가슴 벅찬 설렘/ 특별한 선물"이 아닐 수 없다.

"사랑만은/ 결코 유통기한이 없다"(「하나인 듯 둘이 되어」)고 강조하는 신가은 시인은 "숙성된 긴 세월 함께한/ 우리의 사랑 눈빛만 봐도/ 알아차리는 어질머리"(「휘파람새」)를 앓을 만큼 사랑의 환희에 젖는다. 그래서 "바람에 흔들리는/ 나뭇가지 사이로/ 당신의 향기를 안고서/ 아직 채우지 못한/ 그 사랑 하나"(「오늘」) 기다리고, "가랑비 내리면/ 한 송이 풀꽃으로/ 그대 곁에서/ 비우고 채우는 연습"(「가랑비 내리면」)을 하는 중인지도 모른다. 그래서일까. 시인에게 사랑은 늘 그리움으로 찾아온다. 그 증거로 "오늘도/ 찻잔 가득히 채우는/ 헤이즐넛 커피 향기엔/ 너와 나의 추억이 스며"(「커피를 마시며」)있다.

이 그리움은 낙관처럼 새겨진 "푸른 기억"(「잊혀지지 않는 것들」)으로, 고요한 오후 시인만의 시간에서 "기억 속에 머물렀던 이름"(「자몽차를 마시며」)이거나, "저 바다 끝자락 물의 경계/ 포개지고 다시 겹쳐지며/ 몰려오는 파랑/ 그 바다"(「한 뼘 크기의 사랑 하나」)이다. 또는 "먼동이 트고/ 햇살이 찾아온 자리/ 온도에 따라/ 빛에 따라/ 떠나버린 추억"(「새벽 풍경」)이라 해도 좋겠다. 그렇게 신가은 시인은 사랑의 시인이다.

계간문예시인선 192

신가은 시집 _ 각시붓꽃의 노래

초판 인쇄  2023년 11월 17일
초판 발행  2023년 11월 24일

지 은 이   신가은
회   장    서정환
발 행 인   정종명
편집주간   차윤옥

펴 낸 곳   도서출판 **계간문예**
주   소    03132 서울 종로구 삼일대로 30길 21 종로오피스텔 1209호
전   화    (02) 3675-5633 팩스 (02) 766-4052
이 메 일   munin5633@naver.com
홈페이지   http://cafe.daum.net/quarterly2015
등   록    2005년 3월 9일 제300-2005-34호
연 락 처   03132 서울 종로구 삼일대로 32길 36 운현신화타워 305호
인   쇄    54991 전북 전주시 완산구 공북1길 16, 신아출판사
ISBN 978-89-6554-282-7  04810
ISBN 978-89-6554-118-9 (세트)

값 12,000원

잘못 만들어진 책은 바꾸어 드립니다.
저자와 협의하여 인지를 생략합니다.